Théodore Pavie

Une chasse aux nègres-marrons

Histoire

ISBN : 978-1725809208

10 9 8 7 6 5 4 3 2 1

Théodore Pavie

Une chasse aux nègres-marrons

Histoire

Table de Matières

Introduction.

Le soleil venait de disparaître derrière les mornes, et les nègres qui portaient nos bagages se débarrassèrent de leurs fardeaux comme des gens en disposition de faire halte. Nous étions parvenus à l'endroit où se joignent deux petits ruisseaux qui donnent naissance à la rivière des Marsouins, l'une des plus larges et des plus limpides de toutes celles dont les eaux capricieuses arrosent l'île Bourbon. Devant nous, vers l'ouest, par-delà le Coteau-Maigre, se dressait une muraille de montagnes volcaniques, au-dessus desquelles le Piton-de-fournaise lançait sa longue colonne de fumée. En nous tournant du côté de l'est, comme contraste à cette nature âpre et menaçante, nous voyions, entre deux cimes arrondies et boisées, la mer aussi calme qu'un beau lac. Un grand navire, faisant route vers l'île de France, reflétait dans ses voiles les dernières teintes du jour, et les vagues, sans cesse agitées le long de la côte, écumaient en se brisant sur les promontoires.

— Si vous voulez, messieurs, dit le docteur, nous n'irons pas plus loin aujourd'hui ; il est bon, avant de pénétrer dans les froides régions de l'île, de camper, cette nuit encore, en pays tempéré. Reste à savoir si nous trouverons par ici un gîte convenable.

— C'est mon affaire, répliqua le guide ; je sais dans ces environs une grotte fameuse que j'ai cherchée longtemps. Si je ne me trompe, nous devons en être assez près ; laissez-moi voir si ce sentier n'y conduirait pas.

Et il disparut à travers les buissons, suivi de son chien.

Le docteur, impatient de passer en revue les belles plantes recueillies pendant la journée, prit sa boîte suspendue sur le dos d'un noir, l'ouvrit, et resta quelques instants en contemplation devant son riche butin ; puis il baigna dans le ruisseau les tiges déjà fanées par la chaleur du jour.

— Qui sait, s'écria-t-il avec un soupir, en jetant au fil de l'eau les débris de feuilles et de racines amassées au fond de sa boîte, qui sait si les volcans n'ont point englouti sous la lave des variétés, des espèces à jamais perdues ? Aux ravages de ces feux souterrains se joignent ceux d'une culture toujours envahissante ; les localités se transforment…

Un coup de fusil, tiré à quelque distance de l'endroit où nous étions assis, tout en interrompant les réflexions du botaniste, mit en émoi la petite troupe ; le bruit de l'arme à feu, répété par les échos de la montagne, s'en allait roulant de roc en roc et résonnait sourdement jusque dans les forêts échelonnées au-dessous de nous. Chacun s'élança du côté où l'explosion s'était fait entendre, et, après avoir traversé un bois assez épais, nous nous trouvâmes sur le sommet d'un escarpement qui bordait un véritable précipice. Le guide essuyait sa carabine et sifflait son chien.

— Eh bien ! Maurice, lui cria le docteur, quel ennemi avez-vous rencontré dans ces parages ?

— Ce n'est rien, répliqua le créole. Avant d'entrer dans la grotte, j'ai voulu m'assurer qu'elle n'était pas occupée. Mon chien sentait quelque chose ; il a fini par aboyer. J'ai armé ma carabine, et j'ai tiré au moment où un noir marron s'enfonçait dans le ravin en s'accrochant aux lianes. Vous pouvez entrer, messieurs ; personne ne viendra vous troubler ici désormais. Aussi loin qu'a retenti ce coup de feu, les maraudeurs sont avertis qu'il y a des blancs sur la hauteur ; ils se tiendront tranquilles.

Un rideau de plantes grimpantes masquait entièrement l'entrée de la caverne ; rien ne pouvait faire supposer que ce ne fût pas un roc tapissé de verdure, et cette retraite solitaire n'avait dû être découverte que par un fugitif réduit à demander un asile à tous les buissons. Nous y allumâmes une lampe dont la flamme se jouait en reflets charmants sur les feuilles découpées, et nous nous étendîmes sur une mousse fine, que le docteur se garda bien de fouler avant d'en avoir examiné à la loupe quelques poignées ; il affirma même, car il était un peu las, que ce frais tapis lui semblait plus mielleux que le velours. Quant à moi, je craignais que le créole n'eût blessé ou tué peut-être ce noir marron qu'il avait chassé de son gîte ; mais il me rassura complètement.

— J'ai tiré à balle perdue, me répondit-il en riant. D'ailleurs, je voulais l'éloigner, lui et ses pareils, voilà tout ; il a d'autres repaires, croyez le, moins agréables peut-être que celui-ci, mais assez bons encore pour un nègre.

— Dieu veuille que, dans le cours de notre exploration au milieu de vos sévères montagnes, vous puissiez toujours nous loger aussi agréablement ! dit le docteur. Il semble que la nature ait préparé ces charmants asiles pour ceux que l'amour de la science entraîne loin des plaines habitées. Mais vous, Maurice, par quel hasard avez-vous découvert cette grotte ?

— Oh ! répondit celui-ci, quel est le créole des quartiers de Sainte-Rose et de Saint-Benoît qui ne l'a pas visitée en faisant des battues ? quel est le planteur de l'île qui n'a pas entendu parler de la *grotte au Malgache* ? Seulement, il y en a beaucoup qui ne savent pas pourquoi elle porte ce nom là. C'est une vieille histoire.

— Que rien, sans doute, ne vous empêche de nous raconter ?

— Rien, si ce n'est qu'après la course d'aujourd'hui vous avez peut-être besoin de sommeil ; demain nous aurons encore beaucoup à monter pour atteindre la région des mousses que vous voulez parcourir. Et puis, une histoire de noirs ne doit pas être bien intéressante pour vous !

Dans les excursions du genre de celle que nous venions d'entreprendre, le guide a d'ordinaire une assez haute idée de son importance : c'est lui qui dirige les mouvements de la troupe, tant qu'elle est en marche ; mais à la halte, il sent que sa position a changé. De bavard qu'il était, on le voit devenir taciturne ; les questions l'embarrassent, le mettent en défiance, jusqu'à ce que la plus légère marque d'égards de la part de ceux qui l'accompagnent lui rende son assurance habituelle. Pour vaincre la timidité de Maurice et l'engager à nous donner son récit, je lui offris d'excellents cigares de Manille en le priant de nous apprendre ce qu'il savait lui-même sur cette grotte où nous étions si commodément établis. Cette simple avance fit son effet ; il prit place entre le docteur et moi, et glissant un des cigares dans sa poche :

— Merci, monsieur, me dit-il ; je fumerai cela dimanche au village ; pour l'instant, laissez-moi charger ma pipe avec le tabac de mon jardin. Quant à l'histoire, si vous y tenez, je ne demande pas mieux que de vous la raconter. Nous autres, petits colons, nous ne sommes pas savants comme les Français de France ; mais aussi ce ne serait pas vous, messieurs, qui me feriez parler pour vous moquer de moi !

Section I.

Je n'ai jamais voyagé, messieurs, dit Maurice en posant son chapeau de paille sur le canon de sa carabine, par conséquent j'ignore si dans les autres pays les choses changent de jour en jour ; mais je puis assurer que, depuis que je suis au monde, il s'est introduit dans notre île bien des nouveautés. On défriche tant, que l'eau ne tardera pas à disparaître de nos rivières, et notre métier, à nous autres petits créoles, qui ne possédons guère qu'un jardin, un champ de maïs, quelques pieds de *vakouas* pour faire des sacs à sucre, notre métier, trois jours par semaine, c'est la pêche. Le reste du temps, nous chassons les chèvres sauvages, qui deviennent rares, le merle qui a bientôt disparu des forêts, et les nègres marrons quand il y en a. Figurez-vous qu'on ait abattu tous les bois, vendu tous les terrains vagues, bâti des villages sur tous les plateaux, il nous sera impossible de vivre comme par le passé ! Faudra-t-il alors que nous bêchions la terre ? Mais nous sommes blancs, aussi blancs que les plus gros planteurs, et la pioche ne convient qu'aux noirs ; c'est une chose reconnue.

Et avec cela, les bras viendront à manquer ; la traite est abolie ! Tant qu'elle n'a été que défendue, il nous arrivait encore des esclaves en assez grande quantité, et de toute espèce. C'est le *tricolore*, messieurs, qui nous a valu cette loi-là, et il a été cause d'un malentendu dont quelques noirs ont porté la peine. Ces insensés ne s'imaginaient-ils pas que les trois journées représentaient trois jours de la semaine à eux accordés par le gouvernement de Paris pour ne pas travailler ? Déjà le roi le plus puissant de Madagascar, Radama, ne voulait plus qu'on exportât des Malgaches ; le gouverneur anglais de l'île de France lui promettait par compensation une somme de quarante mille piastres par an, oui, deux cent mille livres fortes, quatre cent mille livres, monnaie de l'île ! Il venait encore des Yolofs, des Yambanes, des Makondés, beaux noirs de pioche, un peu difficiles à tenir ; des Cafres, qui aiment mieux garder les vaches que labourer la terre, et préfèrent de beaucoup l'eau-de-vie de canne à l'eau des torrents ; des Mozambiques, bonnes bêtes de somme, solides rameurs à face de singe. Comme chacune de ces races avait une aptitude différente, on trouvait, en choisissant bien, de quoi répondre à tous les besoins d'une habitation.

Les moins dépaysés de tous ceux que la traite jetait sur notre côte, ce devaient être les Malgaches ; ils retrouvaient ici les bœufs de leurs plaines et une grande quantité d'arbres de leurs forêts. Eh bien ! on avait plus de peine encore à les apprivoiser que les autres : il est vrai qu'on ne perdait pas beaucoup de temps à leur faire la leçon ; mais, voyez-vous, messieurs, le nègre est né paresseux, et l'homme qui a horreur du travail…

— S'imposera toute espèce de privations plutôt que de surmonter son penchant, continuai-je en regardant le créole.

— Oui, monsieur, mon père me l'a répété bien souvent quand nous allions tendre nos lignes à l'embouchure des rivières. Tenez, c'est lui qui a travaillé cette calebasse que vous voyez : vous n'en trouveriez pas de plus belle dans toute l'île ; il lui a fallu plus d'un mois pour l'enjoliver comme elle est là. La première fois qu'il s'en servit lui-même (il y a bien longtemps, et je m'en souviens comme si c'était hier), nous étions à la chasse aux chèvres du côté des Salazes. À force de prières, j'avais obtenu la permission d'accompagner les chasseurs. La course fut bien longue, et au retour j'étais éreinté ; mais je fis bonne contenance jusqu'au bout, et mon père me laissa entrer au village avec sa carabine sur mon épaule. Or, comme nous descendions de la montagne, nous aperçûmes à l'horizon, bien loin au large, un petit point blanc.

— Vois-tu là-bas ? me dit mon père. — Oui, répondis-je ; je vois un paille-en-queue ou une mouette qui devrait bien me prêter ses ailes, car je commence à me sentir la plante du pied un peu pesante. — Mon père ne répondit rien ; comme le soleil miroitait sur les vagues, il abaissa son grand chapeau sur son front, s'arrêta court, et se mit à considérer ce point blanc, qui semblait glisser entre le ciel et l'eau. Quant à moi, je me laissai tomber sur l'herbe.

— Je parierais que c'est *la Diane*, s'écria mon père après un moment de silence. Elle aura vu un croiseur à la hauteur de Saint-Denis, et elle fait fausse route pour le dépister ; il n'y a qu'une goélette qui puisse ainsi serrer le vent et s'élever au sud de l'île. Si la brise ne la gêne pas, nous la verrons ce soir, mouillée à l'anse du Piton.

Pendant ce temps-là, un petit navire de guerre débouchait derrière le cap que nous voyions tout à l'heure sur notre gauche. Il courut dans cette direction environ vingt minutes ; puis, soit qu'il eût perdu de vue la goélette qu'il chassait, soit qu'il fît semblant de ne plus l'apercevoir, il vira de bord et disparut. Aussitôt le point blanc cessa de s'éloigner ; il grossit rapidement, et nous pûmes distinguer *la Diane* elle-même qui forçait de voiles dans la direction du Piton. Dès que le soir vint, un feu s'alluma dans un coin du rocher qui marque la baie ; c'étaient les planteurs intéressés dans l'armement qui dressaient un phare pour marquer la route à la goélette, et en vérité, la précaution ne semblait pas inutile, car jamais on n'avait vu une nuit plus noire, et la fallait ainsi pour qu'on pût opérer le débarquement sans être inquiété.

L'arrivée d'un négrier sur la côte faisait toujours une certaine sensation dans les quartiers. On courait à la place pour voir les nouveaux esclaves ; les enfants surtout se glissaient derrière les rochers, se jetaient dans les pirogues et c'était à qui approcherait le plus près du navire. Les matelots nous chassaient à coups de gaffe quand nous arrivions les mains vides, mais ceux d'entre nous qui avaient quelque argent trouvaient le moyen de monter à bord et ils achetaient de beaux perroquets gris de la côte d'Afrique. Mon père n'était pas riche, et le plus souvent ces arrivages ne l'occupaient guère ; cependant, il venait de faire un petit héritage, ce qui lui donna l'idée d'aller choisir un noir auquel il pût apprendre le métier de charpentier qu'il exerçait lui-même de temps à autre. Comme tous les créoles de nos quartiers, il savait construire une maison de bois et creuser une pirogue. Les premiers colons qui sont venus s'établir dans l'île ont bien été obligés de se bâtir des cases eux-mêmes. Ils étaient d'abord soldats dans les garnisons de Madagascar, puis ils se sont faits flibustiers ; puis, quand il n'y a plus eu de profit à courir les mers, il leur a bien fallu se fixer tout à fait à terre, et là ils ont planté. Plus tard, quand il s'est formé un gouvernement, on a cédé des terrains à ceux qui avaient de l'argent ; ils se sont mis à acheter des esclaves, à défricher en grand, et nos anciennes familles, qui se croyaient maîtresses de l'île, se sont trouvées peu à peu si réduites dans leurs possessions, qu'on les dirait aujourd'hui fondues entre les plantations immenses qui les étouffent. Oui, messieurs, les premiers habitants et leurs descendants que l'on méprise ont pourtant fondé la colonie ; comme Adam au paradis terrestre, ils ont donné des noms aux oiseaux du ciel, aux poissons des rivières, aux arbres de la forêt.

— Et en cela ils sont loin d'avoir rendu service à l'histoire naturelle et à la botanique, interrompit le docteur.

— C'est possible ; mais ils ont fait pour les savants ce que je fais aujourd'hui pour vous, monsieur : ils se sont chargés de montrer la route. Tous les sentiers que nous avons suivis et ceux que nous parcourrons demain, je les ai appris, comme bien d'autres, à mes dépens ; la découverte de cette grotte m'a coûté… plus que je ne posséderai jamais. Donc, sitôt que *la Diane* eut jeté l'ancre dans la petite baie, mon père me dit : Maurice, viens avec moi, si tu n'es pas trop las de la chasse. Il a dû arriver là un beau lot de noirs, et je veux choisir. Un nègre brut, de force moyenne, ne se paiera pas plus cher qu'une mule de France : moi, je lui apprends mon métier ; il devient ouvrier, bon ouvrier ; nous le louons dans les grands ateliers de Saint-Denis à une piastre, à deux piastres, par jour ; à la fin, il se rachète, je te donne cette somme-là en dot, et si tu as de l'économie, un jour tu seras planteur.

Je ne doutais pas que tout cela ne dût arriver ainsi, puisque mon père me le disait ; aussi le cœur me battait bien fort quand je vis à la lueur des fanaux qui l'éclairaient la goélette entourée de pirogues. De ce bâtiment si léger, si effilé, qui dansait sur l'eau et se balançait à la moindre brise, il sortit tant de noirs que je croyais rêver. En vérité, messieurs, il fallait qu'on les eût pliés en deux comme des cuirs secs pour qu'ils pussent tous tenir dans la cale. A mesure qu'on les mettait à terre, je les regardais des pieds à la tête et ils me semblaient tous plus ou moins avariés ; c'est qu'ils n'avaient pas respiré à leur aise pendant la traversée ; mais le grand air les fit revenir, à l'exception de quelques-uns : ceux-là, comme des poissons restés trop longtemps hors de l'eau ne se réaccoutumèrent point à vivre. Le capitaine jurait contre eux ; il n'était pas impossible qu'ils eussent fait exprès de mourir, car, parmi ces noirs à demi sauvages, on voit de mauvais sujets, capables de tout. Chacun ayant choisi les esclaves qui lui convenaient, l'équipage s'occupa de nettoyer la cale. On envoya des provisions à bord ; les canots vinrent prendre de l'eau douce à l'embouchure d'un ruisseau, et le lendemain, les noirs achetés dans la nuit ayant été internés, il ne resta plus de trace du débarquement. Le navire de guerre en station devant l'île se remit à courir ses bordées de grand matin ; mais la goélette se trouvait juste au même point où nous l'avions aperçue la veille, avec cette différence qu'elle s'en allait à la côte d'Afrique tenter une nouvelle traite. Le canon du soir, tiré dans les divers quartiers de l'île, retentit tout autour de nous comme un orage lointain ; une brise légère, qui montait du milieu de la plaine et du fond des ravins, nous apporta en murmurant le parfum des girofliers mêlés aux suaves exhalaisons de la forêt. Les petites lianes arrachées aux parois de la grotte frémirent doucement ; c'était la tiède haleine des nuits tropicales, transformée à ces hauteurs en un vent frais et piquant.

— Une pareille nuit offre véritablement l'image du repos, dit le docteur en écartant le rideau de feuillage. Voyez comme les belles constellations de l'hémisphère austral étincellent dans le sud ! N'admirez vous pas la bienveillante nature, qui a fait sortir du sein de l'Océan cette île fertile et gracieuse ?

N'est-ce pas, messieurs, reprit Maurice avec vivacité, n'est-ce pas que notre île est un petit bijou ? Avec ses montagnes et ses ravins, ses plantations et ses forêts, ses volcans et ses rivières, elle semble trois fois plus grande qu'elle n'est réellement ; il y a bien peu d'habitants qui la connaissent dans tous ses recoins, dans tous ses replis. Du côté de la mer, elle est menaçante : il lui faut bien des rochers pour se défendre contre les vagues qui la battent sans cesse ; mais, à mesure qu'on s'éloigne de la plage, on la trouve plus riante, plus verte, plus rafraîchie par les torrents, jusqu'à ce qu'on aborde ces gros mornes chauves où se cachent les sources. C'est par là aussi qu'elle accroche, pendant l'été, les grands nuages qui tomberaient dans l'Océan sans servir à rien. Les noirs qu'on amenait de la côte d'Afrique devaient se trouver trop heureux d'être apportés sur notre île ; d'ailleurs, c'étaient le plus souvent des prisonniers de guerre, destinés à être dévorés par le vainqueur. Ceux de Madagascar devaient s'attendre à être tués à coup de sagaïe, puisque telle est leur coutume de se débarrasser des captifs qu'ils ne peuvent pas vendre. Ne valait-il pas mieux planter des cannes et cueillir la graine de café ? Eh bien ! il était très difficile de leur faire entendre cela. Il y en a qui, à peine débarqués, couraient droit à la montagne ; mais, au bout de quelques jours, on les trouvait, mourant de faim, blottis sous des buissons comme des lièvres, ou bien ils se laissaient acculer au bord d'un précipice d'où ils ne pouvaient vous échapper qu'en se jetant, la tête la première, au fond du ravin. D'autres restaient accroupis au pied d'un arbre, les yeux tournés vers la mer, et refusaient toute nourriture, ne répondant rien aux menaces, insensibles aux coups ; peu à peu, on les voyait s'affaisser, un tremblement fiévreux frappait leurs genoux l'un contre l'autre, et ils mouraient en regrettant un pays où il ne leur était plus permis de vivre.

Quelle désolation de voir des hommes robustes, des femmes dans la fleur de l'âge, s'éteindre là comme des arbres frappés par le soleil sans avoir rapporté un sou au maître qui les avait payés si cher !

Quant au Malgache que nous venions d'acheter, il ne paraissait point atteint de cette maladie terrible ; c'était un garçon alerte, actif, qui bientôt apprit à manier la hache avec une certaine adresse. Nous le traitions bien, parce qu'avec cette race-là on ne gagne rien à se montrer trop sévère. Quand il travaillait à creuser des pirogues que nous allions vendre à Saint-Pierre, je le regardais, je l'aidais même quelquefois ; il me taillait des petits bateaux que je faisais flotter sur la rivière, en y mettant des plumes au lieu de voiles. Je l'avais pris en affection, mais mon père se montrait défiant à son égard ; un jour même il me dit :

— Ton Malgache nous jouera un tour ; je n'aime pas sa figure, il ressemble trop à Quinola !

— Quinola, c'était un noir de Madagascar qui avait disparu depuis longtemps. Les uns disaient qu'il avait péri dans les mornes, d'autres affirmaient qu'il dirigeait les bandes de marrons, dont le nombre ne diminuait guère malgré les battues qu'on faisait fréquemment.

Section II.

Dans ces temps-là, messieurs, continua Maurice, il y aurait eu quelque danger à courir les bois comme nous faisons aujourd'hui pour cueillir des plantes. Les nègres fugitifs occupaient les hauteurs que nous appelons ici des plaines : ce sont des plateaux plus ou moins élevés, cachés entre des montagnes à pic ; des espaces unis, défendus par des ravins, entourés de précipices abruptes qui ressemblent aux fossés d'une citadelle. Il n'était pas impossible de pénétrer jusqu'à ces régions perdues en remontant le lit des rivières ; mais outre que ce chemin est impraticable pendant la saison des pluies, les arbres déracinés, les rocs entraînés par les eaux, les lianes qui pendent de chaque côté, les plantes épineuses qui tapissent les bords du ravin, ne permettent guère à un homme armé de courir lestement à l'assaut de ces places fortes. On savait bien à peu près où nichaient les noirs marrons ; quelquefois, le soir, leurs feux brillaient là-haut comme des étoiles, car le froid les faisait souffrir. Quand la faim les pressait, ils descendaient brusquement dans les vallées par une nuit bien sombre, pillaient les jardins, incendiaient et détruisaient en quelques heures les récoltes d'une année : l'alarme se répandait vite, on s'armait ; mais où courir ? Les maraudeurs, frottés d'huile de coco, échappaient à la main qui voulait les saisir, et quand on revenait de ce premier moment de surprise, les brigands étaient bien loin ; ils avaient eu le temps de se mettre en lieu de sûreté, d'emporter leur butin. Quelquefois ils se répandaient isolément à travers les habitations, emmenaient avec eux leurs femmes, leurs amis, et au matin le planteur trouvait la case vide. Pour certains noirs, c'est un besoin de vagabonder ; on les reprend, on les met à la chaîne, on leur fait traîner le boulet, et le jour où le châtiment cesse, ils partent de nouveau, si bien que leur vie se passe à expier la faute et à la commettre.

— Et on ne se lasse point de les punir si sévèrement d'avoir voulu à toute force être libres ? demandai-je au créole.

— Les maîtres qui sont humains, monsieur, renoncent quelquefois à châtier eux-mêmes, répondit Maurice ; ils envoient leurs esclaves travailler sur le port, et là on les mène un peu rudement ; ce sont ceux que vous avez pu voir…

— Mon ami, interrompit le docteur, ne me faites pas souvenir de ces scènes attristantes qui frappent les yeux de l'étranger quand il aborde votre île. En abusant ainsi de l'esclavage, vous hâtez le jour de l'émancipation.

— Ah ! oui, la liberté, *grand'merci* ! comme disent les noirs de l'île de France, s'écria Maurice. Alors, à quoi servira d'être blanc, je vous le demande ? Si jamais cela arrive, je me fais marron, j'abandonne le village, je déserte la milice ! On peut passer tranquillement sa vie dans les mornes, pour peu qu'on ne tienne pas trop aux plaisirs de la société. Il y a des esclaves échappés qui ont vécu là plus de vingt ans, et tandis que, selon les chances de la guerre, la population se trouvait anglaise ou française, eux, qui ne savaient rien de tout cela, ils n'ont point cessé d'être Cafres et Malgaches. On ne songeait point à les tourmenter dans ces temps-là, et ils regardaient avec indifférence, du haut des montagnes, leurs anciens maîtres se battre sur la plage, sans se déclarer pour aucun parti, comme des gens qui n'ont rien à perdre, rien à gagner.

Ils avaient formé un camp principal au centre même de l'île, à un endroit qu'on appelle encore aujourd'hui le camp d'Henri. C'était là leur forteresse ; mais comme il n'y avait pas à manger pour tout le monde dans cet espace étroit creusé en entonnoir, ils occupaient, selon les saisons, d'autres points dans les plaines : le moins inaccessible de ces camps secondaires où ils ne s'établissaient qu'en passant et toujours avec défiance, parce qu'on n'avait pu les y surprendre, bordait le grand étang, à l'entrée de la plaine des Palmistes. De là, ils s'abattaient par la rivière Sèche sur les habitations de Saint-Benoît et de Sainte-Rose, et remontaient par la Plaine des Cafres pour descendre dans les vallées de Saint-Pierre. Le palmiste, qui croissait en abondance sur ces hauteurs, leur fournissait une nourriture facile ; ils y avaient aussi planté des bananiers et quelques racines. Le soleil faisait mûrir les fruits de ces jardins champêtres tout comme ceux de nos vergers.

Un jour, on résolut de faire une double attaque sur ce camp, à l'époque où l'on supposait que les marrons y seraient établis ; on était las d'avoir toujours au-dessus de sa tête des ennemis invisibles. Un espion fut envoyé sur la montagne pour qu'il s'affiliât avec eux ; les mesures ayant été bien prises, on se prépara à aborder la plaine des Palmistes par deux chemins différents. Les gens de Saint-Benoît marchèrent le long de la rivière Sèche, et nous, nous suivîmes le *rempart* du bois Blanc ; on devait, à jour fixe, se réunir sur le plateau. Dans une pareille expédition, il y avait des fatigues à essuyer, des dangers à courir ; mais on ne s'en inquiétait guère : les montagnes attirent comme la mer ; on veut voir ce qui se passe là-haut comme on aime à savoir ce qu'il y a là-bas, derrière l'horizon.

Avec cela, nos pères étaient des aventuriers, comme je vous l'ai dit, et nous tenons d'eux ce besoin d'activité qui nous tourmente ; ils explorèrent l'île, ils pénétrèrent les premiers sous ces forêts où l'oiseau chantait, bien qu'il n'y eût personne pour l'entendre ; notre plaisir à nous, c'est de grimper sur les mornes, de glisser au fond des ravins, de chercher partout s'il ne reste pas un coin de terre à découvrir. Ce qui nous animait aussi, c'est que la troupe obéissait d'ordinaire à de vieux créoles, à d'anciens traitants de Madagascar, qui étaient venus se reposer ici de leurs voyages bien autrement aventureux, et se guérir, sous notre climat plus hospitalier, des fièvres gagnées à Tintingue ; le plus souvent, ils ne rapportaient pas du pays malgache de grandes richesses, mais une foule d'histoires étranges et merveilleuses, que nous leur faisions raconter pendant les haltes. Dans ces courses-là, nous marchions toujours pieds nus : le dimanche, pour aller au village, nous prenions des sentiers, parce qu'on nous confondrait avec les mulâtres qui ne sont pas libres ; mais, en campagne, cette distinction devenait inutile. La calebasse au côté, le fusil sur l'épaule, nous nous enfoncions gaiement à travers les bois ; chacun portait en outre une pipe passée dans le ruban du chapeau, un briquet et quelques provisions. Il y en avait aussi qui suspendaient à leur ceinture une petite hache pour couper les grosses lianes et abattre des arbres qu'on jetait, en manière de pont, d'un bord à l'autre des précipices. Ainsi équipés nous ressemblions un peu à une troupe de flibustiers de l'ancien temps ; les soldats de marine se seraient moqués de nous, eux qui rient de nos milices parce qu'elles ont beaucoup de mal à marcher au pas. Que voulez-vous ? nous ne sommes pas enrégimentés pour aller guerroyer au loin, mais bien organisés par compagnies pour nous défendre contre les pillards des montagnes et contre l'ennemi du dehors. Quand il a fallu faire le coup de feu sur la côte, pendant la révolution de France, il ne restait guère de troupes de garnison, il ne nous venait plus de secours et pourtant nous nous battions ; nous envoyions même des renforts à nos alliés de l'Inde. Ceux qu'on a accusés plus tard d'être à la solde des Anglais, croyez-le bien, messieurs, ce ne sont point des petits blancs sans souliers.

Cette expédition de la plaine des Palmistes, je la faisais en qualité de volontaire : j'avais à peine dix-sept ans ; mais je me disais que courir après les marrons n'était pas une chose plus difficile que d'aller dans les rochers dénicher les fous. Et quel enfant de nos cantons n'a pas exposé cent fois sa vie pour aller prendre dans le nid, au fond de leurs trous, ces oiseaux de la mer ? Nous commençâmes par traverser la forêt qui couvre le Vieux-Brûlé.

Le volcan qui fume aujourd'hui presque à la pointe sud semble s'être promené dans toute la longueur de l'île avant d'arriver où il se trouve maintenant ; mais, à la fin, la végétation a repris le dessus. Aussi, dans le Vieux-Brûlé, on trouve partout des bois sur sa tête et de la lave à ses pieds ; on marche sur quelque chose qui ressemble à du verre et les arbres qui se sont implantés dans ces vagues de feu refroidies depuis des années ont fini par croiser leurs rameaux, par former des taillis presque impénétrables.

Quand le soleil donne d'aplomb sur ces masses de branches étalées comme des parasols, on se trouve à l'ombre, c'est vrai, mais on éprouve une chaleur accablante. Dans les espaces découverts, les pieds brûlent ; l'herbe qu'on foule çà et là se réduit en poussière ou plutôt en cendres. Les brises de mer ne font que passer sur ces versants ; à peine les a-t-on senties, à peine a-t-on vu remuer les feuilles, que le souffle a disparu ; on l'entend qui court à la surface de la forêt, comme pour se jouer du voyageur haletant.

Le souvenir de ces chaudes journées réveilla chez le créole une soif qui lui était assez habituelle. Il se désaltéra donc à sa calebasse qu'il eût déjà vidée si nous n'avions eu soin de la remplir en y versant une bouteille de vieux vin de France.

— Merci, messieurs, reprit-il en essuyant sa bouche avec le revers de sa main, vous m'avez glissé là un excellent vin qui fait parler au lieu d'endormir comme l'eau-de-vie de canne ; si nous en avions eu de pareil dans notre battue ! Mais, bah ! ce n'était pas la peine ; si jamais vous avez connu ce que c'est que d'avoir soif et de chercher à boire dans un lieu inhabité, vous conviendrez avec moi que les dernières gouttes d'eau épargnées par le soleil dans le creux d'un rocher se paieraient aussi cher, à certains moments, que la plus précieuse liqueur. Dans ces cas-là, l'homme se rappelle qu'il n'est qu'une pauvre créature de Dieu, comme le plus petit insecte de la forêt. Heureusement, notre île est si bien arrosée, qu'on a rarement à souffrir de ce côté-là, à moins qu'on ne s'en aille jusqu'à ces réservoirs de feu autour desquels les sources tarissent. Dans les bois du Vieux-Brûlé, on trouve même de jolis bassins transparents qui conservent l'eau longtemps après les pluies. Cependant la fraîcheur, la vraie fraîcheur qui ranime comme un bain, qui repose comme le sommeil, c'est dans les ravins qu'il faut la chercher ; je ne dis pas seulement en hibernage où le ciel n'est plus qu'un arrosoir, où les nuages descendent tout d'une pièce entre les mornes pour nous verser des nappes d'eau à faire déborder les plus petits torrents, mais au milieu de la saison sèche, quand le soleil fait mûrir le café dans sa pulpe, la muscade sous sa triple enveloppe.

Après une journée de marche assez pénible, ce fut dans un de ces ravins que nous nous arrêtâmes, sous de grands *takamakas* à moitié déracinés qui se penchaient au-dessus de l'abîme en attendant qu'une trombe les y précipitât. Çà et là, au-dessus des framboisiers qui aiment l'ombre, s'élançaient les fougères en arbres dont les longues feuilles découpées, détachées du tronc et disposées en cercle, ressemblent à ces soleils d'artifice qu'on fait partir dans les villages aux jours de fête. Au-dessus de nos têtes, par l'ouverture où se montrait une large bande de ciel aussi bleu que la mer dans les baies, nous voyions les tiges des palmistes remuées par les vents, s'agiter comme des panaches de plumes à l'entrée de la plaine. Il ne nous restait plus qu'à monter pendant quelques heures pour arriver sur le plateau où campaient les noirs ; mais le gibier que nous cherchions y était-il encore !? Voilà ce qu'il fallait savoir ; un jeune homme de la troupe se chargea d'aller à la découverte, et il devait nous faire un signal de monter après lui en jetant un caillou dans le ravin.

— Si Quinola est avec eux, disaient quelques-uns d'entre nous, on ne trouvera que le nid, les oiseaux seront envolés.

— Bah ! répondaient les autres, si Quinola vivait encore, on le verrait dans les bandes !

— Les noirs qu'on avait repris depuis plusieurs années affirmaient qu'il habitait la montagne, mais que, comme il était habile dans les sortilèges, il savait se rendre invisible ; ils l'appelaient le grand *Ombia*, le grand-prêtre. Ce qu'il y avait de certain, c'est que si on se moquait dans les villes de ceux qui croyaient Quinola vivant, dans les villages on le prenait plus au sérieux, et son nom faisait trembler les enfants.

Quant à moi, je pensais bien qu'il pouvait vivre dans la montagne sans jamais se montrer, et qu'il était trop rusé pour indiquer à d'autres marrons le lieu de sa retraite ; malgré cela, je ne pouvais tout à fait vaincre la terreur que la pensée de cet homme, c'est-à-dire de ce noir, m'inspirait dans mon enfance : j'avais plus de raisons qu'un autre de n'être pas trop rassuré. Une fois, étant allé seul cueillir des jamroses à une assez grande distance de la maison, j'aperçus derrière moi un vieux nègre malgache, aux cheveux tout blancs. Vous concevez, messieurs, qu'en le voyant, la peur me prit, et je voulus me sauver ; mais il m'arrêta en me barrant le chemin et me dit :

« Maurice, vous avez chez vous un bon noir, un honnête travailleur ; quand il saura bien son métier, je lui montrerai quelque part un bel arbre qu'il aura plaisir à tailler ! » Et là-dessus, il s'enfonça dans le bois. De retour à la maison, je n'osai jamais parler à mon père de cette vision qui me tourmentait, il se serait moqué de moi, et comme il m'aurait grondé si je l'avais dit à d'autres, je gardai mon secret.

Section III.

Après avoir dormi quelques heures, les noirs qui nous accompagnaient s'étaient mis à rallumer le feu ; ils s'en rapprochaient toujours un peu davantage, au point qu'on eût pu croire qu'ils allaient se rôtir. Accroupis sur leurs talons, les coudes sur les genoux, les mains ouvertes devant les flammes, ils se torréfiaient avec une délectation qui nous est inconnue, à nous autres gens du nord. Au milieu de ses immenses forêts, le sauvage de l'Amérique septentrionale grelotte devant quelques tisons qui donnent moins de flammes que de fumée ; l'Hindou, débilité par son climat trop énervant, demande grâce au dieu du jour et divinise ses rivières ; l'Africain s'épanouit à cette température brûlante, appropriée à sa nature comme le soleil tropical qui l'enivre et l'exalte.

Je me rappelais donc cette rencontre, continua Maurice, et je me promettais de bien regarder si je découvrirai le vieux noir à cheveux blancs que je ne connaissais point, et qui m'avait appelé si familièrement par mon nom. Pendant que nous étions tous arrêtés dans les rochers, l'envie me prenait de raconter ce que j'avais vu ; mais la crainte de n'être point écouté m'arrêtait aussitôt. Les anciens, qui sont assez sujets à mentir, s'imaginent toujours que les jeunes veulent leur en faire accroire, et puis on n'aime pas passer pour un poltron, tout simplement parce qu'on a eu le malheur de voir quelque chose de plus que les autres. Ces réflexions-là se croisaient dans ma tête, et bien d'autres encore, car on ne réfléchit jamais si bien que quand on est un peu las. Tenez, messieurs, couchez-vous dans la forêt ; les oiseaux et les insectes se remettent à chanter et à bourdonner de plus belle ; reprenez votre marche, ils se taisent et disparaissent. Ainsi font les idées qui assiègent le cerveau quand les jambes s'arrêtent ; dès qu'on recommence à courir, tout cela s'envole ! Après quelques instants de halte, nous entendîmes un caillou retentir sur les pierres du ravin, et quand il tomba, après avoir longtemps ricoché dans le torrent qui roulait à nos pieds, nous étions debout. Chacun se prépara à gravir la rampe de son côté ; pour cela, il faut s'accrocher aux lianes, poser le genou sur une pointe de rocher, se soutenir du coude à de vieilles racines vermoulues qui se brisent souvent, et on se sent glisser. Dans ces moments-là, on se rattrape à tout, à des épines, à des ronces qui déchirent les mains et les mettent en sang ; on s'écorche les pieds, on se frotte le visage sur une terre humide, on fait rouler sous soi toute une avalanche de petites pierres qui se détachent du sol et tombent avec bruit jusqu'au fond du précipice ; enfin on s'arrête dans sa chute sur quelque tronc d'arbre plus solide, on reprend haleine et on s'assure qu'on a reculé d'une vingtaine de toises.

— À ce train-là, on se trouve au bout de quelques heures précisément au fond du ravin, dit le docteur.

— Et quand on veut descendre, on est tout aussi embarrassé, reprit le créole ; mais, à force de chercher, on découvre quelque sentier moins impraticable ; on rampe, on avance doucement, en retenant son haleine, sans regarder derrière soi, les yeux fixés sur le sommet qui semble reculer toujours, car les montagnes sont en général dix fois plus élevées qu'elles ne le paraissent. Il y a bien des choses dans la vie qui fuient et s'éloignent quand on croit les tenir. Aussi, quand on a de l'âge, on va plus doucement, parce qu'on sait qu'il faut aller longtemps ; mais j'étais jeune alors, et je brûlais d'impatience d'arriver là-haut. Ennuyé de lutter contre une rampe aussi inabordable, je filai un peu à droite, en tournant à travers des petits chemins sans doute tracés par les chèvres. Je me mis à courir, à sauter ; je ne me sentais plus. Tout à coup je sortis de cette masse d'ombre que les cimes voisines projetaient sur le ravin, et le soleil m'éblouit ; le cœur me battait violemment parce que j'avais marché trop vite, et aussi parce que j'allais aborder le plateau des Palmistes, c'est-à-dire le camp des noirs marrons.

À cette heure-là, les brigands doivent dormir, pensais-je en moi-même ; mes compagnons auront le temps d'arriver avant qu'ils se remettent en campagne. Nous sommes sûrs de les atteindre.

— Et je me glissai avec précaution à travers les *bois noirs* : il y avait çà et là des branches cassées ; l'herbe était foulée autour de moi ; tout m'annonçait que j'approchais du camp, et j'en eus bientôt la preuve. Comme j'allongeais la tête sous les broussailles, en écartant d'une main des racines qui semblaient entortillées exprès pour faire tomber les passants, mon genou se posa sur une pointe de bois, et je ressentis une si vive douleur que je m'arrêtai tout court. Ces petits bâtons bien aiguisés, durcis au feu et plantés dans les sentiers qui conduisent à leurs camps, sont une terrible défense dont les nègres tirent un grand parti : si cette maudite invention n'arrête pas les patrouilles, au moins elle les force à marcher avec précaution, et met ainsi les fugitifs à l'abri d'une attaque subite. Un homme, un blanc qui porte un fusil sur son épaule, être mis hors de combat pour quelques lignes d'un morceau de bois qu'il s'enfonce dans le talon !… quelquefois même rester infirme pour toute sa vie, traîner le pied devant ses esclaves qui rient en cachette et ont l'air de dire : « Quand je me sauverai à mon tour, ce ne sera pas toi qui viendra me prendre ! » c'est bien humiliant !   .

Ma blessure saignait beaucoup ; je la liai avec un mouchoir, après m'être frotté d'eau-de-vie tout le genou, et je n'avançai pas davantage ; j'aurais même donné quelque chose pour avoir fait un pas de moins. Puis, je ne sais si les oreilles me tintaient par l'effet de la douleur, mais il me sembla entendre rire à mes côtés. J'écoutai avec attention ; une voix qui ne m'était pas tout à fait inconnue parlait en s'éloignant… J'arme mon fusil, j'essuie la pierre, je la rafraîchis en frappant dessus avec mon couteau, et je me hasarde sur la lisière du bois. Ce que j'aperçus dans la plaine, messieurs, j'aurais cru le voir en rêve, si le soleil qui étincelait de toutes parts ne m'eût forcé de reconnaître que j'avais bien les yeux ouverts. Figurez-vous une trentaine de noirs groupés çà et là au pied des palmistes, les uns tout nus, les autres vêtus d'une couverture nouée sur les épaules, comme les Hottentots du Cap ; ceux ci coiffés d'un chapeau sans bords et habillés par en haut d'un gilet sans manches, ceux-là serrés dans un pantalon auquel il manquait une jambe. Pour la plupart, ils tenaient à la main des bâtons faits en forme de massue ou armés d'une pointe de fer ; quelques-uns avaient à la ceinture des couteaux bien aiguisés ; ceux que couvraient à demi des lambeaux d'habillement volés dans les habitations paraissaient misérables ; ceux dont la peau reluisait au soleil, librement, à l'état de nature, représentaient au moins l'homme sauvage : le noir est vêtu de sa couleur. Il y en avait là de plusieurs races ; mais le vieux Malgache que je cherchais des yeux ne faisait point partie de la bande.

Il me sembla que les marrons venaient de terminer leur repas ; on voyait des petits tas de cendre sous lesquelles ils avaient fait cuire des bananes et des patates douces, quelques tiges de palmistes effeuillées. La faim me talonnait, et j'aurais volontiers dévoré les pêches à moitié mûres que je portais dans mon sac, mais j'étais en face de l'ennemi. Tous ces esclaves amaigris par la fatigue, réduits à se procurer au prix de mille dangers une nourriture souvent insuffisante, à errer dans les montagnes comme les bêtes malfaisantes qui craignent le fusil du chasseur, à se cacher dans les trous en attendant l'heure du pillage, tous ces esclaves échappés des quatre coins de l'île, après y avoir été jetés de dix endroits différents de la côte d'Afrique, n'avaient pourtant qu'une pensée, et cette pensée leur donnait le courage de continuer cette misérable existence : ils s'étaient affranchis du travail et se trouvaient heureux. Avec cette différence qu'ils n'avaient rien de gracieux et que la cage était ouverte, je me rappelais, en voyant ces vilains noirs campés dans la plaine fermée de rochers, les grandes volières dans lesquelles les planteurs des villages rassemblent des oiseaux de tous pays.

J'éprouvais donc quelque envie de les troubler dans leur fainéantise en tirant un coup de fusil au milieu de la bande, mais un sifflement aigu les réveilla comme par enchantement. En une seconde, ils se dressèrent sur leurs pieds, saisirent leurs bâtons, et échangèrent quelques signes avec celui qui venait de donner l'alarme. C'était un Malais, petit, trapu, bon coureur ; je l'ajustai à l'instant où il débouchait sur la plaine, mais il fit un geste pour me narguer ; la balle avait sifflé à ses oreilles sans l'atteindre. Avant que mon fusil fût rechargé, les marrons, en pleine déroute, s'étaient dispersés comme un troupeau de chèvres ; ils couraient, sautaient par dessus les buissons, se faufilaient à travers les bois, en cherchant à gagner le morne des Palmistes. Les créoles de Saint-Benoît, arrivés à l'instant même par le côté de l'étang, les traquèrent avec vigueur ; mes compagnons s'avancèrent rapidement par l'autre extrémité de la plaine, et quelques traînards de la troupe des marrons furent faits prisonniers. On les confia à un détachement qui devait les emmener à la geôle, et on convint de poursuivre le reste de la bande dans ses derniers retranchements ; j'étais trop animé pour songer à ma blessure et je résolus de faire la campagne jusqu'au bout. On eut quelque peine à désarmer les captifs qui se défendaient comme les grands singes d'Afrique, avec des pierres et des bâtons. Dans ces cas-là, on est en colère et on ne peut pas trop ménager ses mouvements.

« Où est Quinola ? demanda un créole à un vieux noir qui avait reçu au frontun coup de crosse. — Je ne sais pas, répondit celui-ci. — Quand l'as-tu vu ? — Il n'y a pas longtemps ! »

Et comme nous nous regardions avec surprise, il ajouta : « Quinola n'est pas mort ; il ne veut pas mourir dans l'île ! »

Section IV.

Quinola était Malgache, continua Maurice en secouant les cendres de sa pipe, et les gens de Madagascar n'aiment pas à mourir loin de leur pays ; mourir, pour eux, c'est une grande affaire qu'ils ne peuvent pas conduire à leur gré hors de chez eux. Dès qu'un malade a fermé les yeux, ses parents entourent la case et tirent des coups de fusil depuis le soir jusqu'au matin pour éloigner les mauvais génies qui voudraient enlever son corps ; le lendemain, on revêt le cadavre de ses plus beaux vêtements, on l'enferme dans un cercueil tout comme un chrétien, et on va l'enterrer hors du village. S'il est riche, on le conduit en grande pompe auprès de ses aïeux, qui l'attendent dans un tombeau particulier rangés dans des bières d'un bois précieux ; s'il n'appartient pas à une famille distinguée, on construit une case sur le lieu même de sa sépulture, et, devant cette case, on suspend à une perche les cornes des bœufs qui ont été immolés pendant sa maladie pour obtenir sa guérison et à l'occasion même de sa mort. Ils prétendent que le défunt peut prendre la forme d'un mauvais génie, apparaître à ceux qui l'ont connu et leur parler en songe. Nous avons des esclaves de Madagascar qui entretiennent des relations suivies avec les gens de l'autre monde, et ces apparitions, si elles se renouvellent souvent, sont cause que le chagrin s'empare d'eux, la maladie du pays les prend, ils meurent avec l'espoir de retourner près de ceux qui les appellent. Enfin, ils croient aussi qu'un mort recommence quelquefois à vivre sous la forme d'un animal, d'une plante ; ce qu'il y a de certain, c'est qu'on a vu des serpents sur la tombe d'un chef célèbre par ses cruautés, et tous les traitants vous diront que dans la baie d'Antongil, près du port Choiseul, au pays des Antavarts, il a poussé, sur le lieu même où fut enseveli un autre chef renommé par ses vertus et sa bienfaisance un magnifique badamier. Vous savez bien, messieurs, que le badamier donne de bons petits fruits en abondance et qu'il étend ses branches comme les bras d'un prêtre qui bénit. Il y a bien des choses encore plus extraordinaires dans cette grande île, où l'on trouve plus de vingt peuples différents, les uns bruts et sauvages, les autres intelligents et susceptibles d'être instruits, ceux-ci crépus comme des Cafres, ceux là coiffés de longs cheveux comme les Hindous de Pondichéry. Quel dommage qu'il soit si difficile de s'y acclimater ! Mais le pays des noirs ne peut convenir aux blancs, et vous voyez que les noirs ne s'accoutument guère à vivre chez nous, puisqu'ils aiment tant à prendre le chemin de la montagne. À force de courir dans les hauts de l'île, ils découvrent à la vérité de jolis endroits, et cette Plaine aux Palmistes d'où nous venions de les déloger serait devenue pour eux un paradis, si on les y eût laissés vivre en paix. Chassés de cette première station, ils se replièrent sur une autre plus élevée, mieux défendue, se promettant sans doute de prolonger notre course de manière à nous ôter le goût de ces expéditions. Tandis qu'ils fuyaient de tous côtés, nous les poursuivions tranquillement, avec ordre, développés sur une ligne battant les buissons, sondant le creux des rochers. La végétation devenait plus rare, le pays plus sauvage. Nous ne rencontrions déjà plus de *bois de pomme* ; autour des rochers qui s'élèvent en pain de sucre, les *bois noirs* groupés en touffes serrées, répandaient une ombre abondante ; ces arbres-là poussent toujours de compagnie, même au milieu des pierres.

Quand on les voit au flanc des montagnes du fond de la plaine, on les prendrait pour des petites plantes pareilles à celles qui tapissent le devant de cette grotte.

— Comme tous ceux de cette famille si variée et si gracieuse, dis-je au créole, ils se plaisent dans les terres légères ; remarquez comme les feuilles de ce bois noir (qui n'est autre chose que la *mimeuse hétérophylle*), aussi finement découpées que celles du mimosa de l'Inde, tremblent à la moindre brise. Un vent trop vif les dessécherait ; voilà pourquoi elles s'abritent les unes les autres en formant des berceaux naturels.

— Et ce *bois de pomme*, que vous me permettrez de nommer *tambourissaquadrifida*, reprit le docteur, offre un singulier phénomène de fructification. La fleur qui se développe sur le vieux bois, sur le tronc même de l'arbre, a la forme d'un grain de raisin ; elle se partage en quatre divisions qui présentent elles-mêmes une foule de fleurs partielles, se referme un peu après l'épanouissement, s'accroît, et se change en une grosse pomme qui n'est jamais complètement fermée.

— C'est bien possible, dit Maurice, et avec les petites graines, pareilles à des amandes, on fait une jolie teinture rouge. Au-dessus de cet arbre-là, on trouve encore celui que vous venez de nommer qui a la feuille si délicate, et dont les chèvres sauvages aiment à brouter les jeunes pousses. Les noirs marrons se cachent volontiers sous leur ombre, et, pour peu qu'ils eussent des armes à feu, je vous demande comment on pourrait les en déloger ? Avec cela, le terrain est souvent coupé de torrents, embarrassé de quartiers de rocs ; l'herbe cache des trous profonds dans lesquels on tombe tout de son long sur des pierres, le fusil d'un côté, le chapeau de l'autre. Pendant ce temps, le noir que vous poursuivez vous allonge un coup de bâton, ou tout au moins s'esquive.

— Nous avions cerné un de ces bois où les fugitifs venaient de se rallier ; ils nous y glissèrent entre les mains, descendirent un coteau à pic, au fond duquel coule une rivière, et, sans savoir où irait aboutir cette battue, nous les suivîmes au pas de charge. À mesure que nous avancions, la colère nous donnait des forces, et moins nous avions de chances d'arrêter les déserteurs, plus il devenait probable que nous finirions par en tuer quelques-uns à coups de fusil. Le Malais qui avait donné l'alarme au camp de la plaine courait surtout grand risque de recevoir une balle. Dans l'île entière, on le redoutait à cause de la férocité assez naturelle à sa race et de ses méfaits particuliers : convaincu de meurtre, il s'était enfui de la prison et se conduisait en vrai bandit qui n'a plus rien à ménager. Amené jeune dans la colonie par des négriers de contrebande qu'on soupçonnait de piraterie, il y jetait le désordre et la confusion par ses vengeances hardies. Avec de pareils esclaves, on ne pourrait jamais vivre en sûreté. Dieu merci ! ils sont peu nombreux. La couleur du Malais, moins foncée que celle de ses compagnons, le trahissait même dans l'ombre qui cachait les autres, mais l'incroyable agilité de ses mouvements, la rapidité de sa course, le mettaient à l'abri des dangers auxquels il s'exposait comme à plaisir.

— Dans cette retraite précipitée, les noirs paraissaient se réunir sur un seul point, pour franchir le torrent avant que nous pussions leur barrer le chemin. Un vieil arbre jeté en travers sur le ravin leur servait de pont ; mais comme cet arbre était vermoulu, il fallait qu'ils passassent l'un après l'autre, sous peine de le rompre. Sur les deux rives, de hautes fougères tapissaient le sol ; l'humidité des eaux, qui forment des cascades au fond du précipice, entretient presque jusqu'au sommet de l'escarpement une végétation vigoureuse. Au milieu de ces masses de bois, les nègres couraient, disparaissaient à nos yeux, et nous avions bien du mal à nous guider vers un point qu'il n'était pas toujours possible de découvrir.

Arrivé le premier sur la rive opposée, le Malais, au lieu de continuer sa course, sembla attendre ses compagnons ; ceux-ci filaient lestement, empressés de se jeter dans les halliers où ils espéraient se disséminer afin de se soustraire à nos recherches, et avoir ainsi le temps de gagner, par-delà les montagnes voisines, d'autres camps inaccessibles. À mesure que l'un d'eux posait le pied sur l'autre bord du ravin, on eût dit qu'il retrouvait une vigueur nouvelle ; tous ces coteaux abruptes, sauvages, couverts de broussailles au-dessus desquelles de gros arbres dressent leurs branches à moitié mortes, représentaient pour la bande en déroute le vrai pays de l'indépendance vagabonde. Une fois-là, les marrons se sentaient chez eux. Nous faisions feu, quoique de bien loin, et, au bruit de la détonation doublé par les échos des roches escarpées, nous voyions frissonner et chanceler celui qui se trouvait suspendu sur l'abîme ;

mais l'oiseau que l'on tire au vol, à une trop grande distance, secoue ses ailes par un saisissement de frayeur, puis il plane de nouveau et s'éloigne, sans même laisser tomber une plume.

Pendant que les uns envoyaient d'en haut des balles perdues, les autres marchaient le plus vite possible à travers les branches, et le retard causé par le passage du pont nous avait rapprochés des fuyards. Chacun d'eux, ignorant s'il ne se trouvait pas derrière lui un camarade attardé, et talonné d'ailleurs par notre mousqueterie, se lançait dans les bois en poussant des cris sans regarder en arrière ; ce qui fit que le pont ne fut pas rompu. Au moment de le franchir nous-mêmes, nous réglâmes l'ordre de la marche ; celui qui passa le premier, ce fut un vieux créole, grand chasseur, qui connaissait mieux que personne les sentiers de la montagne. Il en voulait particulièrement à ce démon de Malais qu'il accusait d'avoir coupé ses girofliers par le pied, et nous ne lui contestâmes point le droit de se venger lui-même, s'il en trouvait l'occasion.

Les hurlements des noirs retentissaient encore ; mais on n'en voyait plus un seul. Le vieux chasseur s'élança hardiment sur le pont en se servant de son fusil comme d'un balancier ; il arpentait avec ses longues jambes ce tronc d'arbre pourri par les eaux et déjà un de mes compagnons allait le suivre, quand une secousse violente imprimée à ce pont fragile le fit rouler au fond de l'abîme avec un fracas épouvantable : le Malais, embusqué dans les fougères, l'avait frappé d'un vigoureux coup de talon, mais un peu trop tard, car le créole put franchir l'espace qui le séparait de la rive, à l'instant où l'arbre manquait sous lui. En sautant à terre, il saisit le Malais, et une lutte s'engagea entre eux, un véritable combat corps à corps. « Tirez, tirez, vous autres, criait le créole, je suis dessous ! » Le torrent, qui roulait à grand bruit nous empêchait d'entendre distinctement ses paroles, et dans les hautes herbes nous ne démêlions rien autre chose que les mouvements désespérés des deux adversaires. Sur ce groupe de deux hommes, l'un ami, l'autre ennemi, qui cherchaient à s'arracher la vie si près de nous, nous hésitions à faire feu ; chacun disait à son voisin de tirer, et personne n'osait prendre ce parti extrême. Enfin il nous arriva un cri si perçant, que mon père se décida à ajuster la tête du Malais dès qu'il la distingua nettement. Deux fois il redressa le canon de son fusil ; deux fois, pâle et tremblant, il l'abaissa dans la direction que suivaient nos regards. Le coup partit, et un rugissement hideux qui en fut la réponse nous fit frissonner. Sans aucun doute le Malais était blessé ; nous le vîmes bondir et saisir avec ses dents le bras de son adversaire qui lui serrait la gorge, enlacer ses jambes dans les siennes et l'entraîner au bord du précipice. Mon père brisa son fusil avec rage, et à ce moment-là je fermai les yeux.

Quand je les rouvris, je vis tous mes compagnons qui se penchaient sur le torrent sans prononcer un seul mot ; j'allongeai la tête, et je ne distinguai rien que l'écume de l'eau qui bouillonnait, je n'entendis rien que le bruit des cascades, qui montait d'en bas. Nous restâmes là quelque temps encore, comme pour dire adieu à notre compagnon et puis nous reprîmes la route de nos quartiers. Nous traversâmes tristement les plaines, les ravins, les sentiers pénibles que nous avions parcourus les jours précédents avec une joyeuse ardeur. Celui que nous venions de perdre dans la campagne ne laissait point de famille après lui ; mais c'était un bon compagnon, un de ces anciens créoles des hauts de Saint-Benoît qui aiment à se plonger dans les parties solitaires de l'île, qui s'entendent à pêcher dans les baies, dans les bassins profonds des rivières, aussi bien qu'à dépister les chèvres sur les mornes.

À mesure que nous descendions vers le village, chacun se séparait pour regagner son toit. Mon genou enflait à vue d'œil, et cependant, comme je touchais au terme de ma course, la douleur et la fatigue ne m'empêchaient point de hâter le pas. Pour nous, messieurs, qui ne faisions jamais de grands voyages, une expédition de quelques jours dans le creux de ces montagnes inhabitées équivaut presque à une campagne lointaine ; l'absence nous semble longue. Quand j'aperçus les cases du hameau disséminées sous les arbres, à travers les jardins, sous un beau soleil, à mi-côte, en face d'une mer étincelante, je sentis mon cœur se gonfler. Puis, il me vint à l'esprit que bien des choses avaient dû se passer pendant cet intervalle, et à la joie du retour se mêla une inquiétude que je ne pouvais surmonter. À une demi-lieue du village, nous rencontrâmes un de nos voisins qui aborda mon père ; ils causèrent ensemble, et je profitai de cet instant pour aller cueillir de jolies fleurs qui croissaient dans la mousse, à l'ombre des haies. J'en fis un bouquet que je cachai sous ma veste. Ici le créole caressa son chien d'un air pensif, comme un homme rejeté tout à coup vers des souvenirs d'un autre âge.

— Pourquoi cachiez-vous ces fleurs, Maurice ? lui demandai-je sans affectation, mais en le regardant pour découvrir les traces d'un sentiment plus doux qui se trahissait à demi sous sa peau bronzée.

— Je les cachais, répondit-il, parce que je ne voulais pas qu'elles fussent vues d'une autre personne que celle à qui je les destinais ; j'y voulais joindre de ces belles roses de Bengale qui fleurissent ici autour des habitations, le long des chemins, et puis le soir même je serais allé les porter chez un voisin, un planteur de café qui avait six noirs, un grand terrain et une fille de quatorze ans, blanche et blonde… Mon père devinait peut-être ce que je faisais dans le bois, mais il n'eut pas l'air d'y prendre garde. Quand je revins près de lui, il me dit d'une voix assez triste : « Mon garçon, tu sais bien le Malgache que notre ami a acheté à bord de *la Diane* ? — Oui, un camarade des nôtres ! — Eh bien ! il est *partimarron*, et je parierais que mon ouvrier l'a suivi ! »

Nous hâtâmes le pas ; quand on se doute d'un malheur, on est pressé de savoir la vérité. La porte de la case était fermée ; nous appelâmes César, notre Malgache ; César ne répondit pas. Nous courûmes autour du jardin, mais tout paraissait si tranquille et si désert, qu'on eût dit une habitation abandonnée depuis un mois. Mon père alla au village prendre des informations, et moi, sans trop savoir ce que je faisais, je me mis à descendre sur la plage. Je m'assis au fond de l'anse où *la Diane* avait mouillée pour débarquer ses noirs, et je jetai mon bouquet dans la mer en pleurant… César venait d'emporter ma dot avec lui dans les mornes !

Section V.

J'étais ruiné, continua Maurice, et, ce qu'il y a de pis, ruiné avant d'avoir eu le plaisir d'être riche. Il fallut se résigner à regarder comme perdus les esclaves fugitifs dont on ne recevait plus aucune nouvelle ; les marrons, si rudement chassés dans la dernière campagne, se tenaient tranquilles sur tous les points. Établis par petits camps distincts, ils demeuraient cantonnés au cœur de l'île, dans ces régions sauvages qui se composent d'escarpements à pic, entièrement couverts de bois, de précipices, de torrents tour à tour desséchés et remplis, enfin de plaines étagées à diverses hauteurs, les unes suspendues comme des terrasses au-dessus de vallées profondes, les autres hérissées de ces plantes que nous appelons calumets. On dit que des flibustiers d'Amérique ont apporté de leurs colonies ce mot par lequel nous désignons un roseau dix à douze fois plus long que ma carabine, entouré à chaque nœud d'une double feuille sans cesse agitée par le vent, terminé par ces tiges vertes et solides qui nous servent à garnir le tuyau de nos pipes. Ces calumets ne poussent qu'à une grande élévation ; les Noirs qui manquent d'armes dans la montagne, percent ces roseaux comme un canon de fusil et y introduisent des graines sauvages qu'ils lancent contre les petits oiseaux pour les tuer.

Un jour que je travaillais à terminer une pirogue commencée par César, une jolie embarcation capable de porter la voile, mon père me demanda si j'avais remarqué sur la poitrine de ce noir une toute petite cicatrice. Je me le rappelais parfaitement.

— Eh bien ! ajouta mon père, l'autre Malgache en avait une toute pareille ; voilà pourquoi ils sont partis ensemble ; ils ont *faits frères* ! Et il m'expliqua cette coutume de Madagascar, ce serment du sang, cette alliance contractée entre deux personnes qui s'obligent à se secourir mutuellement jusqu'à la mort. Quand deux amis veulent s'unir de cette façon indissoluble, ils se font au creux de l'estomac une petite blessure et imbibent avec le sang qui en découle deux morceaux de gingembre ; l'un mange le morceau teint du sang de l'autre. Les témoins pratiquent encore diverses cérémonies ; le plus âgé frappe les deux nouveaux frères avec une sagaie et leur fait répéter un serment terrible dont la dernière phrase est ainsi conçue : « Que le premier de nous qui violera sa promesse soit écrasé par le tonnerre ; que la mère qui l'a mis au monde soit dévorée par les chiens ! » Il y a des Blancs qui ont ainsi *fait frères* avec les chefs de l'île, et cette alliance leur a, dans plus d'une circonstance, sauvé la vie…

J'essayai de faire comprendre au Créole que l'histoire de la Chine offre de ces beaux exemples de fraternité, que la Grèce antique avait honoré ces dévouements sublimes dont les poètes nous ont transmis le souvenir, et qu'enfin l'échange des noms en usage à Tahiti représentait assez bien cette union intime entre deux personnes qui se lient volontairement dans le but de se défendre et de se soutenir ; mais, comme tous les gens de peu d'éducation, l'honnête Maurice recevait difficilement les impressions qu'on essayait de lui communiquer en dehors du cercle fort limité de ses connaissances. Pareil au ruisseau qui court trop vite pour remplir ses bords et passe à peine visible au fond du ravin, son esprit rapide et pour ainsi dire concassé franchissait d'un bond les idées qui, en le modérant un peu, l'eussent contraint à monter.

— Cela se peut bien, me répondit-il avec naïveté, et il reprit vivement la suite de son récit.

— Ce noir intelligent, rusé, alerte, n'aurait-il point la fantaisie de s'emparer d'une chaloupe sur la côte et de chercher à s'enfuir vers sa grande île de Madagascar ? Nous le craignions dans notre village, et si une bande hardie se joignait à lui pour tenter l'entreprise, ne viendrait-il pas à l'idée de ces brigands, de brûler les habitations pour nous empêcher de les poursuivre ? Ces inquiétudes nous tenaient dans de continuelles alarmes ; chaque jour, nous nous attendions à voir reparaître ces marrons devenus invisibles. Tandis que nous dormions à peine dans nos maisons, le Malgache César et son frère adoptif vivaient paisiblement ici même, dans cette grotte. Personne ne la connaissait alors : bien des fois on s'en était approché en faisant des battues ; mais les marrons qui l'habitaient, au lieu de l'aborder par le côté et de se trahir en foulant l'herbe tout à l'entour, y arrivaient au moyen d'une grosse liane. Ils se suspendaient à cette corde naturelle, à cette tige qui avait poussé là exprès pour eux, se laissaient glisser le soir au fond du ravin et rentraient au matin de la même façon, dès que la dernière étoile s'éteignait au sommet des mornes. Sur les rochers, leurs pieds ne laissaient pas la moindre empreinte. Celui qui leur avait indiqué cette retraite si sûre, c'était le vieux Quinola, le Malgache à cheveux blancs qu'on ne savait où prendre. Après s'y être caché lui-même pendant bien des années, sans amener à sa suite aucun Noir des bandes, il y avait appelé César, parce que celui-là appartenait à la même famille que lui, et le frère adoptif de César, l'autre Malgache, trouvait de droit un asile auprès d'eux.

Je ne sais au juste si Quinola était un sorcier, comme le disaient les esclaves de son pays ; mais il avait juré de ne pas mourir dans l'île. Quand la saison des pluies commença à accumuler des nuages autour des mornes, et à rendre les sentiers plus difficiles, il conduisit les deux jeunes noirs au fond d'un ravin boisé, au centre des montagnes, à peu près à l'endroit où les malades vont aujourd'hui boire les eaux de la source des Salazes. Là, il leur montra un gros arbre, d'une belle venue, d'une écorce lisse et fine, sans mousse, qui croissait au bord du précipice ; il leur mit en tête d'en faire une pirogue. Avec cela, leur disait-il, nous voguerons vers notre pays natal. Nous sortirons de cette île, dans laquelle on nous traque comme des chacals ; je suis bien vieux, mes enfants, et je vous conduirai. Les étoiles qui tournent autour des mornes éclairent aussi nos cabanes ; elles nous guideront. Je suis venu de Madagascar ici en trois jours !... À trois jours de cette prison, de ces bois d'où nous ne pouvons sortir, de cette petite île où nous n'avons pas une nuit de paix, à trois jours d'ici, la grande île avec nos familles ! Pour vous, une femme et des enfants ; pour moi, une place auprès de mes ancêtres, qui étaient riches et vénérés !... »

Il parlait mieux que cela, le vieux noir ; c'était un savant de son pays ; avant de partir dans les mornes, il composait des chansons que les esclaves malgaches chantent toujours en coupant les cannes à sucre. Les deux frères ne répondirent rien, et ils obéirent. Au milieu du fracas de la mousson, qui amène le tonnerre avec les pluies, ils abattirent le grand arbre, le dégagèrent de ses branches, mesurèrent la longueur d'une pirogue à trois personnes, et se mirent à creuser courageusement. C'était une rude besogne. Réduits à camper loin de cette grotte, qui leur eût offert un abri contre la mauvaise saison, tantôt sous des roches humides, tantôt dans les herbes imprégnées d'eau ; contraints de se tenir en garde contre toute surprise le jour et la nuit, de se cacher aux regards des traîtres et des espions, à ceux de leurs camarades établis çà et là dans les montagnes, ils se hâtaient. César taillait l'esquif à grands coups de hache, son frère en creusait l'intérieur avec du feu, et le vieillard les animait par ses récits. L'âge commençait à le faire radoter ; il y avait un peu de folie dans ses discours, dans ses chansons, qu'il répétait la nuit, tandis que les deux jeunes gens changeaient ce gros arbre encore vert en un petit bateau qui devait les transporter tous dans leur pays natal ; mais ils l'honoraient comme un père. Ils l'écoutaient avec respect, ils le couvraient de leurs vêtements, de peur qu'il n'eût froid, et souffraient volontiers pour lui. Au fond, ils ne croyaient peut-être pas à la réussite de leur entreprise. Dites-moi, messieurs, si César n'aurait pas été plus agréablement avec nous ?

Nous le traitions bien ; au bout de quelques années, il aurait pu se rachctcr, travailler à son compte ; il finissait par être libre, et moi je commençais à être heureux !

La pirogue s'acheva en peu de temps ; elle n'était pas faite à point comme les nôtres, mais dégrossie et assez bien tournée pour flotter. D'ailleurs il fallait qu'ils ne perdissent pas de temps ; Quinola se sentait faiblir, et il leur disait : « Courage, mes enfants ; vous ne me laisserez pas mourir ici ! » Lorsque l'esquif fut prêt, il s'agit de le transporter jusqu'à l'endroit où la rivière commence à être navigable, et cela la nuit, par des sentiers boueux, par des fondrières, à travers les halliers. Les deux jeunes noirs faisaient là de rudes corvées ; mais quand on travaille pour soi, on ne se plaint jamais : le nègre, si paresseux de sa nature, qui s'endort sous les girofliers dont il cueille le fruit, au milieu des cannes qu'il coupe, ne plaint pas sa peine quand il a dit adieu au maître et au commandeur. Pas à pas, à petites journées, les Malgaches descendirent le long du torrent, traînant leur pirogue à terre, la portant sur leurs épaules, la renversant au milieu des fougères pour s'en faire un abri ; ils guidaient par la main le vieux sorcier, qui se voyait déjà en route pour Madagascar, et la tête lui tournait. Il chantait comme un enfant, si bien que les deux frères lui disaient quelquefois : « Pas si haut, père, pas si haut ; nous approchons d'un village d'un village, les chiens jappent ! »

Enfin César lança son bateau sur la rivière en tremblant ; il l'essaya, le fit aller et venir avec l'aviron ; l'eau portait bien la pirogue de bois vert. Quinola s'assit à l'une des extrémités, notre ancien esclave prit place à la proue et rama tout doucement ; l'autre noir les suivait en marchant à terre, et il regardait avec une grande joie passer derrière les joncs, comme une ombre, ce petit bateau qui, à la rigueur, eût été bon pour voguer sur ces paisibles ruisseaux. Ennuyé lui-même de courir sur le bord, il se jeta à l'eau, et accompagna, en nageant à grandes brasses, le jeune Malgache qui maniait vigoureusement ses avirons, le vieillard à tête blanche qui regardait le ciel sans rien dire.

Le courant, assez rapide, fit arriver bientôt la pirogue à la barre de cailloux que la mer, avec son reflux, pousse vers l'entrée de la rivière. Il était environ minuit ; les fugitifs avaient évité un premier danger en glissant avec adresse au milieu des roches qui encombrent çà et là le lit du torrent. Les nuages, enroulés autour des mornes comme une fumée, laissaient à découvert une partie du ciel ; il y avait assez de clarté sur les eaux pour qu'un rameur pût se guider, et aussi assez d'ombre à terre pour qu'il s'y cachât quelque piège. Si un pêcheur s'était trouvé là, jetant ses lignes par cette nuit orageuse ! Déjà la mer, en murmurant sur la plage, disait aux Malgaches qu'ils allaient libres.

Avant d'aborder les *grandes eaux*, les deux jeunes gens accomplirent une cérémonie de leur pays ; le pilote, c'est-à-dire César, prit de l'eau dans une feuille de *ravenala*, se mit dans la mer jusqu'aux genoux, aspergea les bords de la pirogue et supplia les vagues, à mains jointes, de les porter sans accident jusqu'à leur île, de les protéger contre les négriers, contre les écueils, contre les monstres de l'Océan. Cela fait, il courut enterrer sous le sable la feuille dont il s'était servi, et poussa au large avec son aviron. Ce *ravenala*, qu'on appelle ici l'arbre du voyageur, est comme sacré aux yeux des Malgaches, parce qu'il contient une grande quantité d'eau excellente à boire, même quand il croît dans des terrains marécageux à moitié salins.

— C'est un *musa*, dit le docteur, qui semblait sommeiller depuis quelque temps, c'est un *musa* ; réunissant au plus haut degré deux caractères du genre, il est essentiellement *aquosus* et *fongosus*.

— Une pirogue est bien basse sur l'eau, reprit Maurice ; il suffisait aux trois Malgaches d'avoir mis quelques milles entre eux et la côte pour être sauvés. Quand le soleil parut, l'île se montrait à eux comme une seule montagne, verte aux pieds, grise à la cime, entourée sur la rive d'une ceinture d'écume, avec un dais de nuages au-dessus de ses mornes. Les marrons des hautes plaines causaient peut-être à ce moment-là du vieux sorcier, tout en regardant sur l'eau ce point noir qui s'éloignait ; mais si on s'occupait encore de Quinola dans les habitations où il s'était fait craindre et aux camps des noirs où il apparaissait de temps à autre comme un homme extraordinaire, lui, il ne disait plus un seul mot depuis le moment où César l'avait assis dans la pirogue. Naviguer dans la mauvaise saison autour de notre île n'est pas toujours chose facile pour les grands bâtiments ; comment une petite pirogue, à peine ébauchée, aurait-elle pu résister à la lame ? Bientôt les deux rameurs s'aperçurent que le bois vert, trop pesant, s'enfonçait de plus en plus. À la première brise qui vint à souffler, l'eau salée mouilla leurs provisions. Ne sachant plus vers quel point de l'horizon diriger leur course, ils se laissèrent entraîner sous le vent de l'île ; ce n'était point la route pour aller à Madagascar ! Le petit esquif flottait si peu après un jour de navigation, que les jeunes Malgaches, craignant de le voir sombrer, le suivirent à la nage l'un après l'autre. Leurs forces s'épuisèrent, la bourrasque les chassait au hasard, les torrents de pluie tombaient sur eux du haut du ciel ; la mer les battait comme des algues que le flux promène au fond des baies. Peu de temps après leur départ, un navire les rencontra : celui qui était dans la pirogue ne ramait plus ; l'autre, accroché à la poupe, levait péniblement la tête au-dessus des eaux. Quand on les héla, ils semblèrent se réveiller ; on les vit se serrer la main, puis plonger ; les matelots du navire s'attendaient à les voir bientôt reparaître, mais ils ne revinrent point à la surface des vagues.

Le vieux Quinola restait seul sur la pirogue ; le capitaine du navire envoya un canot vers lui, parce qu'il ne répondait point à ceux qui l'appelaient, et ils l'auraient appelé longtemps. Si les autres avaient plongé, c'est que Quinola était mort, bien mort, non pas à Madagascar comme il l'espérait, mais enfin hors de l'île, comme il le voulait à toute force.

— Et qui vous a raconté cette dernière partie de l'histoire ? demandai-je au créole.

— Un noir marron, qui avait rendu quelques services à Quinola ; celui-ci, en partant, lui légua sa grotte. Depuis bien des années, ce nègre déserteur hante la montagne et les mornes ; son maître n'existe plus, on le laisse vagabonder en paix. D'ailleurs, il ne se montre que quand il veut ; lorsque nous chassons là-haut, il nous aborde quelquefois, en offrant de nous servir de guide. C'est lui sans doute que nous avons mis en fuite ce soir, voilà pourquoi j'ai tiré en l'air ; mais il était plus prudent de faire feu, car il y en a d'autres par ici.

— Dans votre île, la Providence n'a mis ni reptiles, ni bêtes féroces, répliqua le docteur ; il était réservé aux Européens d'y donner naissance à une variété de l'espèce humaine que j'appellerais volontiers l'homme des bois.

ISBN : 978-1725809208

9 781725 809208